LE CORPS LORENCEZ

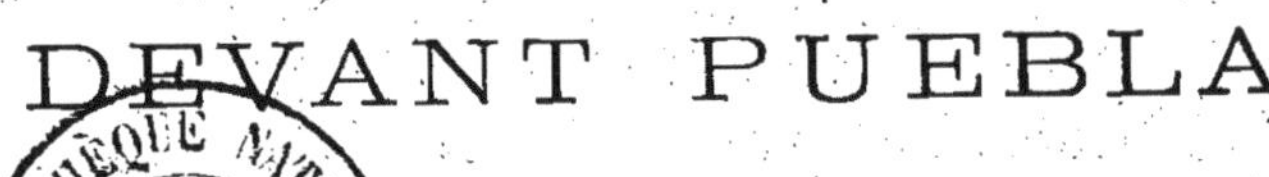

DEVANT PUEBLA

5 MAI 1862

RETRAITE DES CINQ MILLE

PAR

Le Prince GEORGES BIBESCO

Troisième Édition.

PARIS

E. PLON et Cie, IMPRIMEURS-ÉDITEURS

10, RUE GARANCIÈRE

1876

Tous droits réservés

LE CORPS LORENCEZ

DEVANT PUEBLA

5 MAI 1862

RETRAITE DES CINQ MILLE

PAR

LE PRINCE GEORGES BIBESCO

Troisième Édition.

PARIS

E. PLON et Cie, IMPRIMEURS-ÉDITEURS

10, RUE GARANCIÈRE

1876

Tous droits réservés

LE CORPS LORENCEZ

DEVANT PUEBLA

5 MAI 1862

RETRAITE DES CINQ MILLE.

Depuis bientôt six ans [1] que la question mexicaine
a engagé la France à près de trois mille lieues au delà
des mers, aucun récit n'a encore retracé la phase
peut-être la plus émouvante de cette guerre, l'expédition dirigée en 1862 par le général de Lorencez. Il
est regrettable qu'une plume plus autorisée que la
nôtre n'ait pas, depuis longtemps, fait connaître
les événements d'une campagne destinée à enrichir
d'une page glorieuse les annales militaires de la
France. Peut-être eût-elle empêché certains esprits
de mal apprécier l'événement capital de cette expédition : la première attaque de Puebla, le 5 mai 1862.
— Peut-être aussi que, mieux initié à toutes les
péripéties de ce drame, M. le comte de Kératry,
qui a publié dans différentes Revues des articles
remarquables à plus d'un titre, eût renoncé à cer-

---

[1] Cet ouvrage a été publié pour la première fois en 1868.

tains reproches qu'il croit devoir adresser au commandement.

M. de Kératry rend un hommage sincère à « l'héroïsme d'une poignée d'hommes » commandés par le général de Lorencez; cependant, d'après lui, « le commandement a méconnu les grands principes de la guerre. Il eût dû éclairer sa marche avant de se mettre à portée de Puebla, où il croyait entrer comme dans une cité amie, et qui l'accueillit à petite distance par un feu roulant. »

Nous répondrons à M. de Kératry par des faits dont nous avons été témoin, comme soldat de la colonne du 5 mai, et que nous livrons à l'impartialité des lecteurs. La colonne française débouche le 5 mai sur la plaine de Puebla dans un ordre compacte; elle fait une halte d'une heure et demie en vue, mais hors de la portée des canons de la ville et des forts. Après que l'unique escadron de cavalerie présent eut opéré une reconnaissance, elle prend ses dispositions de combat; s'avance vers le fort de Guadalupe pour forcer l'ennemi à démasquer ses intentions, que la diplomatie proclame pacifiques; elle engage un combat d'artillerie, qui dure une heure et un quart, et s'élance à l'assaut du fort. Là, elle est en effet « accueillie », comme cela était naturel, « par un feu roulant », mais commencé d'aussi loin que le pouvait permettre la portée des armes mexicaines.

Il est incontestable que, trompé par de fausses assertions, le général avait plus compté sur une entrée triomphale dans Puebla que sur une lutte acharnée, mais il n'avait pas pour cela « méconnu les principes de la guerre », et, doutant jusqu'à preuve contraire des bonnes intentions des Mexicains, il s'était préparé à tout événement dans la mesure de ses ressources et du temps dont il pouvait disposer.

Nous étions cinq mille contre une nation entière! Pourquoi chercher ailleurs la cause d'un échec inévitable, mais glorieux assurément?

Puisque nous avons touché à cette page de la campagne de 1862, nous essayerons d'en éclairer tous les détails d'une lumière qui puisera sa force et son intérêt dans la vérité. Ceux qui se demandent encore pourquoi la colonne de Lorencez n'a point, le 5 mai, attaqué la ville au lieu du fort; pourquoi elle n'a pas renouvelé son attaque le lendemain; pourquoi elle n'a pas tourné Puebla afin de marcher sur Mexico, trouveront, espérons-nous, une réponse à leurs questions dans le simple récit qui va suivre.

I

Le 4 mai 1862, la vie semblait s'être retirée du village d'Amozoc, situé à quatorze kilomètres de Puebla. Les rues étaient désertes et les maisons fermées. De loin en loin, on entendait quelques aboiements de chiens, ou bien encore on voyait passer quelque habitant attardé, se hâtant de faire rentrer ses bestiaux. Aux portes de la ville une population nomade d'Indiens levait son camp, et reprenait, à travers la campagne, le chemin de Puebla. Hommes et femmes, chargés comme des bêtes de somme, le corps légèrement incliné en avant par le poids de leurs fardeaux, s'éloignaient en trottinant, sans trébucher et sans tourner la tête. C'est que du plus loin qu'ils avaient aperçu « les jambes rouges » et vu briller les armes de nos soldats, les habitants et les Indiens, saisis de terreur, s'étaient cachés ou avaient pris la fuite[1]. A trois heures de l'après-midi, cinq mille Français défilent en silence au milieu des rues sablonneuses d'Amozoc. A mesure que les troupes arrivent, elles sont conduites sur leurs emplacements de bivouac, tandis que le général, son état-major et les services de l'armée s'établissent au centre du village.

Ce *pueblo* porte un cachet d'originalité qui lui est propre ; une *barranquita* (petit ravin) en défend l'entrée ; une hauteur rocheuse et escarpée le domine du côté du sud ; une ligne serrée d'aloès et de cactus fait à ses quatre faces un rempart continu, et des cierges de trois ou quatre mètres, à côtes armées d'aiguilles, servent aux habitations de clôtures naturelles. Quant aux maisons, qui connaît le caractère et la disposition intérieure de l'une d'elles les connaît toutes. Elle sont peu élevées au-dessus du niveau de la rue

[1] La terreur inspirée aux Mexicains par l'approche des Français était due aux fables absurdes inventées par nos ennemis sur les prétendues cruautés qu'exerçaient nos soldats.

et sans étages supérieurs; les chambres prennent jour dans les galeries couvertes donnant sur des cours intérieures, et destinées à assurer une fraîche température par les plus grandes chaleurs ; les toits sont disposés en terrasses et organisés pour la défense. Dans ce pays, où la guerre civile est en permanence, chaque maison est transformée, aux premiers coups de fusil, en place de guerre, et chaque terrasse, entourée de longue main d'un mur d'adobes crénelés, — parfois même ouvert aux quatre angles pour recevoir une ou deux petites pièces d'artillerie, — devient un réduit redoutable. Tel nous apparaît le village d'Amozoc, dont l'aspect, d'ailleurs, révèle la misère et laisse deviner que l'armée mexicaine, en passant par ce village, l'a rançonné.

Notre convoi nous suit à petite distance ; le voilà qui paraît au milieu des tourbillons de poussière que soulèvent ses attelages nombreux.

Il débouche sur la place, et les deux cent soixante voitures qui le composent viennent successivement se ranger et s'aligner avec la régularité d'une batterie.

Plus des trois quarts sont de grands chariots mexicains portant de trente à quarante quintaux. Chacun d'eux est attelé de douze vigoureuses mules qu'un *arriero* (conducteur), souvent un enfant, dirige à travers les ornières et les rues tortueuses avec une aisance inexprimable. Qu'on ne s'étonne pas de voir deux bataillons affectés à la garde de notre convoi ;

il porte le café et le pain du soldat pour plus de trente jours.

A dix heures, tout le monde est au bivouac. Les arrieros détellent, rangent leurs harnais sur les timons des voitures, puis, montés sur une *caponera* (mule blanche coiffée d'une clochette), ils s'acheminent vers l'abreuvoir, suivis de toutes les autres mules laissées en liberté. Pendant ce temps, les femmes restées auprès des voitures allument le feu, exhibent la *tortilla* (sorte de galette de maïs légèrement grillée dans la poêle), et préparent le plat de *fricolès* (haricots rouges).

Peu à peu, l'agitation cesse, le calme se fait, le pas des mules et le bruit des clochettes se perdent dans le lointain, et l'on n'entend plus que les rires joyeux de nos soldats, dont les éclats répandent de temps à autre dans le camp une vive lueur de gaieté et d'insouciance.

Pendant ce temps, dans une maison pauvrement meublée, située à l'un des coins de la place, plusieurs officiers travaillaient, penchés sur une carte. C'était le général de Lorencez et son conseil de guerre dressant le plan d'attaque de Puebla. — Au camp, l'insouciance; ici, les préoccupations et la responsabilité du commandement. Au sein de ce conseil s'agitait en ce moment le sort du lendemain. Le général de Lorencez faisait ressortir l'importance du fort de Guadalupe qui domine Puebla au Nord, et les avantages que sa possession nous assurerait. Il

insistait sur la nécessité de tenter un assaut hardi,
capable d'assurer la victoire, sans nous compro-
mettre en cas d'insuccès, de surprendre en quelque
sorte l'ennemi par cette fougue française si terrible
dans son élan, sans lui laisser le temps de nous
compter. Sût-il notre nombre, il le croirait dix fois
supérieur du moment qu'il nous verrait face à face.

Or, que pouvait-on tenter avec cinq mille hommes
et seize bouches à feu? Un coup d'audace et rien de
plus. — D'un siége, il n'était même pas question.
Troupes et matériel, tout manquait pour une opération de cette nature, et n'eussions-nous manqué de
rien, que la saison des pluies, anticipant sur l'époque
de ses ravages annuels, menaçait de nous réduire,
dans un délai prochain, à l'inaction et à la famine.
Sans aller si loin, on se demandait si le nombre
restreint des bataillons disponibles, en dehors des
troupes laissées à la défense du convoi, autorisait
une reconnaissance à fond sous le feu de la place.
Non; une pareille reconnaissance, vu la forme géné-
rale du terrain, entraînait inévitablement une action
sérieuse et non décisive; on risquait d'y perdre une
partie de son monde et de paraître montrer devant
l'ennemi une hésitation qui ne manquerait pas de
relever son moral. D'ailleurs, il fallait songer que le
faible corps expéditionnaire était séparé par plus de
deux mille lieues de la mère patrie, et qu'à pareille
distance, ménager la vie de soldats qu'on se trouve-
rait dans l'impossibilité de remplacer devenait non-

*

seulement une question de prudence, mais une question d'impérieuse nécessité. L'avis du conseil fut unanime pour reconnaître que le succès dépendait tout entier de la hardiesse et de la promptitude de l'attaque de Guadalupe. Il fut donc arrêté que, le lendemain, 5 mai, la brigade française arriverait devant Puebla, et donnerait l'assaut au fort.

Au conseil de guerre succède le repas du soir; à la discussion sérieuse, les propos enjoués; aux images des champs de bataille, le tableau d'une Puebla prise sans coup férir. Pourquoi s'étonner d'un pareil dénoûment? N'entendions-nous pas affirmer sans cesse autour de nous « que les Français seraient reçus en libérateurs, au milieu des ovations, des fleurs, des enchantements d'une ville qui devait briser ses chaînes pour accourir vers eux » !

La nuit était venue, et l'on s'entretenait encore du sujet à l'ordre du jour, lorsqu'on annonça un ingénieur mexicain passant pour connaître le pays et particulièrement bien Guadalupe. Le général le reçoit, le fait asseoir au milieu de nous, et l'interroge longuement sur tous les points qui peuvent intéresser l'attaque du lendemain. Les renseignements de l'ingénieur sont des plus rassurants : à l'entendre, les abords de Guadalupe ne présentent pas d'obstacles capables d'arrêter l'élan des colonnes françaises; — les fossés sont en partie comblés; — le réduit offre, selon lui, trop peu de garanties de solidité pour être en état d'opposer une résistance efficace; — quant à l'ennemi, il ne lui fait même pas l'honneur d'admettre qu'il puisse se défendre autrement « que pour la forme ». Satisfait, le général se retourne vers nous, et, nous congédiant : « A demain, messieurs, dit-il, dans Guadalupe. »

Chacun se hâte de profiter de sa liberté pour s'isoler et se recueillir. — On a tant besoin d'être seul dans la nuit qui précède un combat! Dans ces quelques heures qui vous séparent du champ de bataille, la pensée trouve un attrait si puissant à se replier sur elle-même au milieu des plus chers souvenirs du passé! Un camarade est-il là? la source des confidences devient intarissable; on s'entretient de l'avenir qu'on espère, de la gloire qu'on rêve, de la mort aussi qui peut frapper. Alors on fait défiler devant ses yeux le cortége de ceux qui vous tiennent le plus au cœur, et on leur lègue un objet qui devra leur porter un dernier souvenir.

Ce soir-là, dans une maison contiguë à celle du général, notre chef d'état-major et deux d'entre nous occupions trois coins d'une pièce. Retenus longtemps dehors par l'éclat d'un ciel incomparable, nous venions de rentrer, parfaitement décidés à rompre avec nos rêveries et à dormir. Le bonsoir d'usage échangé, chacun de nous s'était mis en devoir d'exécuter son programme, et commençait à sommeiller, lorsque mon voisin, rompant tout à coup le silence : « Si vous le voulez bien, mon colonel, dit-il, demain nous reposerons chez l'évêque de Puebla; j'ai le pressentiment

qu'on doit y être bien couché. — Accordé, et bonsoir », répondit laconiquement le colonel, et tout
rentra dans le silence. Quelques instants après, chacun de nous poursuivait en rêve les pensées en com-
pagnie desquelles il venait de s'endormir. Oui, nous
voilà reportés à quelques mois en arrière ; c'est le jour
du départ, c'est l'adieu à la France ! « Au revoir, à
bientôt », nous disent nos amis ; « dans six mois vous
nous serez rendus. Heureux privilégiés, vous allez
faire un beau voyage, *la canne à la main*..... »

Nous partons ! Où le *Forfait*, sur lequel nous sommes embarqués, nous conduit-il ? A Madère. — Char-
mante vision ! comme il y a trois mois, la jolie possession portugaise nous apparaît avec tout l'attrait
d'un climat merveilleux et d'une végétation splendide.
Adossée d'une part aux montagnes Bleues, d'autre
part baignée par la mer, la ville regarde l'occident.
Dans cette nature privilégiée qui sert de refuge à la
souffrance, tout attache, jusqu'à la teinte de tristesse
que la maladie répand autour d'elle, jusqu'à l'aspect
languissant des porteurs promenant le malade dans
son hamac, ou des bœufs traînant le lourd palanquin.

Mais voilà le tropique ! Salut à cette zone nouvelle,
au ciel plus bleu, aux nuits plus claires, à l'atmosphère
plus brûlante, aux fruits plus savoureux que ceux de
nos contrées. — Salut aux Antilles, à la Jamaïque,
à la rade de Kingstown, à ses rives dentelées et fes-
tonnées d'habitations roses et blanches qu'encadrent
de nombreux cocotiers, à la ville elle-même, réputée

à bon droit pour sa chaleur suffocante, son tapage et sa poussière intolérables.

Puis, c'est le tour de Vera-Cruz. Elle nous apparaît au milieu des vapeurs transparentes d'une des plus belles fins de journée qu'on puisse rêver sous les tropiques. Voilà sa rade tracée par une ligne circulaire de récifs à fleur d'eau; le fort de Saint-Jean d'Ulloa, qui se dresse au milieu, en sentinelle avancée; derrière, la ville avec ses clochers étincelants; et, dans le fond, dominant ce panorama, les neiges de l'Orizaba encore éclairées par les derniers feux du soleil couchant. Que de promesses dans le calme séducteur de Vera-Cruz! à terre, il est vrai, que de désenchantements! Attitude hostile des habitants, défection des alliés de la France, menace pour le corps expéditionnaire d'être réduit aux seuls approvisionnements de la flotte, et danger de ne pouvoir pas quitter les Terres-Chaudes, faute de moyens de transport; enfin, au-dessus de ces amertumes et de ces inquiétudes, la fièvre jaune, qui a déjà couvert Vera-Cruz de son linceul.

N'importe, confiants dans la fortune de la France, nous poursuivons notre marche; nous franchissons les Terres-Chaudes, nous atteignons les premières hauteurs. — Éblouissantes de verdure et de fleurs, elles sont la limite tranchée entre l'image de la souffrance que nous laissons derrière nous, et la révélation de la vie qui nous ouvre un horizon inconnu. Au sein de cette nature nouvelle, le soleil lui-même s'humanise;

pour ne point troubler l'harmonie d'un si merveilleux tableau. Puis, ce sont les Terres-Tempérées : autre caractère de végétation, autres nuances dans la lumière.

Bientôt, escaladant les Cumbrès [1] sous le canon ennemi, nous allons porter les couleurs de la France à plus de deux mille mètres au-dessus du niveau de la mer. Un jour enfin nous arrivons à Amozoc; que dis-je, nous voilà dans Puebla! Cette seconde capitale du Mexique, fière à juste titre de ses monuments curieux, des arbres séculaires de son *paseo*, de sa cathédrale, chef-d'œuvre d'architecture, et par-dessus tout de la grâce infinie des femmes mexicaines; la Puebla des Anges (*de los Angeles*) nous a ouvert ses portes! — Nous croyons assister à un triomphe! Ne voyons-nous pas l'alcade venant offrir au général les clefs de la ville; le clergé sortant pour le recevoir à l'entrée de la cathédrale; partout sur notre passage des fleurs tressées en couronnes; ne bat-on pas aux champs!...

Non, cette fois c'est la *diane,* c'est-à-dire le réveil! Dans ce rêve embrassant le passé et l'avenir, nous avons revu tout, pensé à tout, oui, à tout, excepté à ce qui devait arriver.

[1] Dans la journée victorieuse des Cumbrès, le 28 avril 1862, trois bataillons français, engagés contre six à sept mille hommes de troupes mexicaines, ont gravi en trois heures, sous un feu redoutable, une élévation de six cents mètres sur un parcours de trente-huit lacets d'un développement de sept kilomètres et demi.

II

Et déjà nos colonnes se massent : on voit les chasseurs d'Afrique se portant en avant pour éclairer la marche; l'artillerie et sa réserve se hâtant de sortir des rues étroites qu'elles encombrent; plus loin, les bataillons restés en arrière passant pour aller rejoindre ceux de la tête; de tous côtés, des officiers à cheval courant porter des ordres. Les mouvements s'exécutent dans un demi-silence, au sein de cette aube matinale qui, sans être encore le jour, n'est déjà plus la nuit, et qui donne à nos troupes un aspect tout fantastique. C'est qu'aussi il y a parmi elles comme un frémissement de bon augure, dont elles remplissent l'air.

Le jour vient de poindre. Le général paraît. Il passe devant les rangs, et ne peut réprimer un sourire de satisfaction en remarquant dans la tenue de chacun comme un air de fête. Mais le temps marche; quatre lieues restent encore à parcourir, il faut se hâter. Aussi bien, voilà le signal de se mettre en route, et la colonne s'ébranle.

Il est neuf heures quand les cinq mille Français débouchent, le 5 mai, dans la plaine où s'élève Puebla. On aperçoit bientôt les clochers de la cathédrale; mais la ville n'apparaît encore, au milieu des jardins dont elle est entourée, que comme une masse confuse. A la distance où nous sommes, le cadre dans lequel nous la voyons est formé, dans le fond, par les hauteurs de l'Istaxchual et du Popocatepetl qui ferment la vallée de Puebla du côté de Mexico; à gauche, par le mont Tepozuchil, au pied duquel est tracée la route que nous suivons; à droite, par le fort de Guadalupe. Tout est tranquille dans la plaine. On continue à marcher. Cependant, une ligne de tirailleurs ennemis ne tarde pas à se montrer sur notre droite, et à ouvrir le feu; mais, repoussée par nos chasseurs à pied, elle se retire lentement, et finit par disparaître derrière la pente boisée qui relie Guadalupe à Puebla. Le général commande halte, et fait faire le café, pendant que son chef d'état-major, le colonel Valazé, exécute une reconnaissance avec l'escadron de chasseurs, dans la direction de la Rementeria. Son but est d'étudier le terrain qui conduit à Guadalupe, et de juger, autant que possible, de la position exacte du fort.

Guadalupe couronne un mouvement de terrain d'un relief très-prononcé, qui se développe en avant de nous et vers la droite, en nous cachant complétement San-Loretto, autre petit fort situé à l'extrémité opposée du même mouvement de terrain. — Distant de Guadalupe d'environ mille mètres, Loretto domine aussi, mais beaucoup moins, le *Nord de Puebla*. On doit pouvoir aborder San-Loretto, qui nous est complétement invisible, par des pentes plus douces que celles de Guadalupe, mais aussi sous des feux plus redoutables. Son attaque exigerait un mouvement très-large, qui, en outre, exposerait pendant longtemps les troupes au feu de Guadalupe, et nous tiendrait éloignés du convoi, autour duquel son importance, aussi bien que notre petit effectif, nous contraint de conserver nos réserves. Quoi qu'il en soit, Guadalupe commande Puebla; la possession de ce fort doit entraîner nécessairement la reddition de la ville; il est donc la clef de la position, c'est-à-dire le vrai point d'attaque, choisi, au reste, par le général, dès la veille. Pour y arriver, il faut se porter avec une partie des forces au delà d'un profond ravin [1], accessible à l'infanterie, mais qui nécessite quelque travail pour le passage de l'artillerie. Le génie se met rapidement à l'œuvre, et, au bout d'une heure, il a rendu les pentes praticables aux voitures.

Cependant, le regard tourné vers la ville, le général semblait attendre l'effet de ces promesses tant de fois répétées depuis le jour de son débarquement. Vainement il cherche dans cette plaine devenue tout à coup silencieuse « *l'enthousiasme de Puebla l'antijuariste* », les « *dix mille hommes de Marquez* », qui auraient dû s'y trouver en même temps que lui; et ce « *grand parti de l'intervention* », qui, depuis trois mois, lui était annoncé, chaque jour, pour le lendemain!

Rien dans la plaine, rien sur la route. — Soudain, retentit un coup de canon, un seul. Il est parti du fort de Guadalupe. A ce signal, qui est peut-être pour l'ennemi celui du combat, le général prend ses dispositions d'attaque.

---

[1] C F. (Voir la carte.)

Trois colonnes sont formées.

La première comprend deux bataillons du 2ᵉ régiment de zouaves et dix pièces. Elle a ordre de franchir le ravin [1], de marcher parallèlement au fort de Guadalupe dans la direction de droite [2] ; puis, une fois arrivée à la hauteur du fort, de tourner à gauche et de se diriger vers lui. La seconde, composée du bataillon de marins et d'une batterie de montagne servie par la marine, a pour mission de suivre la première et de s'opposer, pendant sa marche, à tout mouvement tournant sur son flanc droit. — La troisième, forte d'un bataillon d'infanterie de marine, devra s'établir en arrière de la ligne formée par les zouaves, et se tenir prête à les appuyer. — De son côté, l'intendant Raoul est chargé d'installer provisoirement l'ambulance derrière une maison en ruine, et de faire transporter l'ambulance volante à quinze cents mètres plus en avant, dans une grande ferme, la Rementeria, propre à abriter les blessés. La garde du convoi massé sur la route de Puebla, en arrière de la garrita de Amozoc [3], et la surveillance de cette route sont confiées aux quatre seuls bataillons qui restent encore disponibles. L'escadron de cavalerie est particulièrement chargé d'éclairer les flancs et les derrières de la brigade. Le général donne l'ordre de commencer le mouvement. Aussitôt, les trois colonnes

[1] Entre C F.
[2] Direction de G.   } Voir la carte.
[3] En C.

franchissent le ravin (C F), et marchent à travers la plaine (G), dans la direction qui leur est indiquée.

En ce moment une ligne de feu éclaire la face du fort qui a vue sur notre attaque, et des boulets bien dirigés viennent ricocher au milieu de nos lignes. Plus de doute, c'est la lutte!

Il est midi. Voilà notre colonne de tête qui arrive au changement de direction; elle fait un à gauche, et, pendant que l'artillerie prend position à deux mille deux cents mètres de Guadalupe, les zouaves se déploient des deux côtés de nos batteries, attendant, l'arme au pied, l'ouverture d'une brèche qu'ils sont impatients de franchir.

Le feu de notre artillerie commence; celui de l'ennemi devient plus vif. D'un point de la campagne qu'il a choisi pour mieux juger de ce combat, le général a bientôt constaté que notre tir, malgré sa justesse, est menacé de rester sans effet. Il envoie aussitôt au commandant de l'artillerie l'ordre de se porter en avant, et de recommencer le feu. Toutefois, la disposition du terrain est telle, qu'on perd complétement de vue le fort quand on s'en approche, et qu'il n'est pas possible, pour le canonner, de placer les dix pièces d'artillerie montées à une distance plus proche que deux mille mètres. Au delà se présente une nouvelle barranca (ravin) [1], au sortir de laquelle commencent les pentes qui conduisent à Guadalupe. Aussi

[1] P. (Voir la carte.)

l'ennemi, dont les pièces sont parfaitement servies,
a-t-il, dès le commencement, l'avantage du tir; et
nous nous voyons forcés, au bout de cinq quarts
d'heure d'une canonnade qui a épuisé la moitié de
nos munitions sans endommager les défenses de Guadalupe, de remettre le sort de la journée à l'intrépidité de notre infanterie seule.

Le général est déjà accouru; déjà il a formé deux
colonnes avec toutes les troupes présentes sur le lieu
du combat, et il leur a montré les faces de Guadalupe,
sur lesquelles elles reçoivent l'ordre de s'élancer [1].
D'un côté, c'est le commandant Cousin qui, à la tête
d'un bataillon de zouaves, franchit à gauche les formidables mouvements de terrain placés devant lui, et
va atteindre le pied du glacis; de l'autre, c'est le commandant Morand qui se dirige obliquement à droite
avec un autre bataillon de zouaves, pour se rabattre
ensuite sur Guadalupe, en cherchant à s'abriter des
feux de Loretto. Deux détachements de sapeurs suivent chaque colonne. Ils emportent chacun une plan-
che garnie d'échelons cloués, moyen d'escalade bien
insuffisant, mais le seul que la précipitation des événements permette de leur procurer. Le détachement
de gauche est muni, en outre, d'un sac de poudre
destiné à faire sauter la porte du réduit.

Sentant que la victoire dépend du coup d'audace
tenté en ce moment, le général n'hésite pas à envoyer

---

[1] Les colonnes traversent le ravin B. (Voir la carte.)

chercher le bataillon de chasseurs à pied resté à la défense du convoi, et à le faire conduire sur la position. Il sera le soutien du bataillon Cousin.

Le général et son état-major suivent le mouvement des troupes pour aller s'établir sur un point d'où il soit aisé de tout voir et de tout diriger. Reconnu par l'ennemi à son fanion, depuis qu'il est en plaine, le général n'a point cessé d'être le point de mire des artilleurs mexicains, mais la mort n'a encore fait que menacer, voilà maintenant qu'elle frappe à ses côtés. Un boulet arrive, ricoche, enlève de cheval le sous-intendant Raoul, et le jette expirant dans la poussière. L'abbé de la division passe en ce moment; il voit le malheur, il accourt, met pied à terre ; et, soutenant le mourant d'une main, il le bénit de l'autre. Touchant spectacle que celui de cette calme et sereine bénédiction du prêtre au milieu de la mort qui l'environne.

Cependant la lutte continue plus terrible. — A mesure que nos colonnes approchent du fort, la défense se multiplie, le feu redouble; ce n'est bientôt plus dans l'air qu'un sifflement non interrompu de boulets et de balles. A gauche, les chasseurs à pied viennent de paraître sur la position[1]; les voilà qui s'élancent à côté des zouaves.

Quelle lutte d'héroïsme entre ces hommes pour escalader les formidables murailles encore intactes de Guadalupe! Ils sont électrisés par la vue de leur dra-

---

[1] En avant de I. (Voir la carte.)

peau, qui s'est planté fièrement sur le rebord de la contrescarpe, à quelques pas de la gueule des canons mexicains. Une balle frappe mortellement le porte-drapeau; un sous-officier le remplace et tombe à son tour. Alors, un vieux zouave, auquel son ancienneté et sa réputation de bravoure ont acquis le singulier privilége d'appeler ses officiers : « Mes enfants », saisit à son tour le drapeau, et, le brandissant au-dessus de sa tête avec un geste de défi : « Venez le chercher! » s'écrie-t-il d'une voix tonnante. Mais aussitôt, serrant, par un mouvement convulsif, son précieux trésor contre sa poitrine, il s'affaisse et roule avec lui dans le fond du fossé. En vain nos soldats franchissent le fossé et couronnent en grand nombre la partie du parapet qui est en terre; tous les efforts viennent se briser contre un réduit inexpugnable, dont l'église forme le centre et dans lequel sont disposés trois étages de feu. Enfin, comme pour rendre impuissants nos derniers efforts, un violent orage accompagné de torrents de grêle et de pluie s'abat sur la plaine : le sol, détrempé en quelques instants, cède sous les pas de nos hommes, qui glissent dans le fond du fossé, d'où ils sont rejetés sur le glacis.

Pendant que cet assaut prodigieux se livre à la gauche, la colonne Morand attaque la droite de la position. Mais, de ce côté, le terrain n'est pas moins hérissé de défenses de toute nature, défenses infranchissables pour nos troupes, dans les conditions où elles se trouvent.

Deux lignes d'infanterie mexicaine, bien embusquées, appuyées par une nombreuse cavalerie, sont déployées sur la crête qui rejoint le fort Guadalupe à celui de San-Loretto. Nous marchons droit sur l'ennemi ; mais nous sommes pris aussitôt en flanc par la batterie de Loretto, invisible jusqu'alors, et qui nous cause des pertes sensibles. — Les marins et la batterie de montagne, tenus en réserve, sont envoyés successivement au secours des zouaves, et le combat reprend avec un nouvel acharnement. Un moment, nous croyons à un secours ; une cavalerie aux insignes de la suite du général Almonte s'élance du fort vers nous, au cri de : « Almonte! Almonte! » Sans doute ce sont des amis. Quelle joie de leur ouvrir nos rangs! L'illusion n'est que trop courte. Les cavaliers nous chargent à outrance, et, revenant sur leurs pas pour rentrer au fort, ils achèvent impitoyablement les blessés qu'ils trouvent étendus sur leur passage. D'autre part, nos troupes, prises entre les feux croisés du fort et des masses accumulées sur la hauteur, fléchissent sous la mitraille, et finissent par se replier derrière les premiers mouvements de terrain. Leur concours manque donc à l'attaque de gauche.

Au même moment, un combat héroïque se livrait dans la plaine[1], entre deux compagnies de chasseurs à pied et une partie de la cavalerie mexicaine. Restées en arrière de leur bataillon, qui montait à l'assaut,

[1] En arrière de I. (Voir la carte.)

déployées en tirailleurs, face aux jardins de Puebla (I),
pour protéger le flanc des chasseurs, ces deux compagnies s'étaient vues, tout à coup, assaillies par une
nuée de cavaliers : se rallier au pas de course autour
de leur chef, faire face à l'ennemi et le recevoir à
bout portant furent l'affaire d'un moment.

Les escadrons mexicains lancés à bride abattue
vinrent se heurter contre les baïonnettes des chasseurs, sans pouvoir rompre leur faisceau. Une seconde
charge eut le même sort que la première ; et l'on put
voir, après quelques moments d'angoisse, les deux
compagnies françaises (cent trente hommes environ)
sortir victorieuses et sans s'être laissé entamer, d'un
combat livré contre quatorze à quinze cents cavaliers.

Il est quatre heures. On marche depuis cinq heures
du matin, et l'on se bat depuis midi. — Témoin des
efforts surhumains de ses troupes, pendant cette lutte
inégale, reconnaissant l'impossibilité de faire une
tentative nouvelle sur Guadalupe, le général de
Lorencez donne le signal de la retraite.

La victoire n'était plus possible ; il fallait subir
notre échec en songeant à le réparer. Cependant ce
fut loin d'être une déroute ; ce fut une retraite, où il
n'y eut pas que l'honneur de sauf : la gloire elle-même
fut sauve.

III

Aussi loin qu'ils purent atteindre nos bataillons,
les boulets mexicains les suivirent dans leur retraite.

L'ambulance elle-même, dont le drapeau a été de tout temps pour l'ennemi un symbole de respect, essuya le feu des canons de Guadalupe tant qu'elle fut à leur portée. Tristes et humiliés, mais non abattus, nos soldats descendirent d'un pas calme et mesuré ces mêmes hauteurs qu'ils avaient escaladées si joyeusement le matin. Plus d'un songeait en ce moment au frère ou au camarade qu'il avait été contraint de laisser derrière lui : sur deux mille cinq cents hommes qui avaient donné l'assaut, près de cinq cents avaient été tués, blessés ou faits prisonniers! Enfin, la nuit, en descendant sur le champ de bataille, déroba à l'ennemi les colonnes françaises, et le roulement des voitures, le bruit sonore des bidons s'entrechoquant dans l'obscurité, se perdirent peu à peu dans la direction de nos réserves et de notre convoi.

Le 6 au matin, le soleil, en paraissant dans la plaine, ne semble y éclairer qu'un calme profond. Pour une personne étrangère au combat de la veille, rien n'y parle de cette lutte sanglante ; mais, dans nos ambulances pleines de blessés, on en retrouve les cruelles traces, et quant à ces hommes qui, là-haut, sous Guadalupe, sont penchés sur les fossés, la pelle à la main, ce n'est pas aux fossés qu'ils travaillent : ils font à nos glorieux morts la charité de quelques pelletées de terre.

Du haut de ce fort, qu'il avait défendu avec tant d'opiniàtreté, le général Sarragosa, commandant en chef des troupes mexicaines, peut embrasser d'un regard l'ensemble des positions françaises; notre camp, à cheval sur la grande route d'Amozoc à Puebla, s'appuie à trois hauteurs d'où nos grand'gardes surveillent la plaine.

Si le général mexicain a espéré que l'issue du combat du 5 mai déterminerait la brigade Lorencez à une retraite précipitée, il doit éprouver une déception mêlée d'inquiétude à la vue de ses tentes dressées devant Puebla.

Le général n'avait abandonné les hauteurs de Guadalupe qu'avec le projet de recommencer la lutte le lendemain, sur un autre point. L'assaut de la veille s'était heurté à trop d'obstacles, pour qu'il songeât un seul instant à le renouveler. Il n'arrêta pas davantage sa pensée à une attaque directe de Puebla par la chaussée; tenter une opération de cette nature, c'était s'exposer, sur une longueur de quatre kilomètres environ, aux feux directs des défenses établies sur cette chaussée, même en avant de la ville, et aux feux croisés des forts de Guadalupe et de los Remedios; c'était risquer d'arriver avec une colonne décimée aux portes d'une ville de soixante-cinq mille âmes, défendue par vingt mille hommes de troupes régulières.

Il ne restait donc, en réalité, à examiner que les chances de succès d'un mouvement par la gauche. Mais, ainsi que le colonel Valazé l'avait observé du haut de Tepozuchil, avec une clairvoyance remarquable, de ce côté, la ville se présentait dans sa longueur, et le terrain offrait les dangers et les inconvénients inverses de la droite : complétement plat et dénudé, il formait comme un immense glacis, sur lequel on ne trouvait aucun obstacle, aucun point autour duquel il fût possible de se rallier en cas de retraite. On eût donc été obligé de parcourir à découvert un espace de deux mille à trois mille mètres sous le feu des défenses de la ville, défenses consistant en une longue ligne de maisons crénelées, à terrasses peu élevées, pouvant fournir des feux très-efficaces. Toutes les rues perpendiculaires à cette ligne de défense étaient coupées par des barricades précédées de fossés et armées de canons ; ces barricades se répétaient dans chaque rue, de deux cents en deux cents mètres.

On découvrait, en outre, en arrière un vaste réduit formé au moyen de couvents reliés entre eux, et entourant la cathédrale. En présence de renseignements de cette valeur, tous les hommes compétents furent d'avis de ne pas tenter une attaque qui pouvait ne pas réussir, user ce qui nous restait de munitions, augmenter l'ambulance d'un nombre considérable de blessés, et partant nous exposer à un désastre.

Cependant il nous restait un espoir : c'est que l'ennemi vînt nous attaquer. Mais, sans doute, poursuivi par le souvenir de nos soldats arrivant à force d'audace jusqu'sur le parapet de Guadalupe, Sarragosa craignit de mettre son armée aux prises avec moins de cinq mille Français.

Après trois jours passés devant Puebla dans une

vaine attente, le général de Lorencez donna l'ordre de lever le camp.

Les Français quittent la plaine de Puebla, le 8 à trois heures de l'après-midi, et commencent leur retraite. Que l'on compare le retour au départ, le lendemain à la veille ! on s'étonnera sans doute de rencontrer chez nos soldats des qualités en rapport avec des circonstances de nature si opposée, et l'on ne saura ce qu'il faut admirer le plus, de ces hommes dont l'héroïsme vient d'échouer contre des obstacles insurmontables, ou de ces mêmes hommes, groupés autour de leurs blessés et de leur convoi, opérant leur mouvement rétrograde à travers les bataillons ennemis qu'ils intimident par leur attitude.

Le 8 au soir, après une marche effectuée lentement, dans le but d'éviter à nos blessés des secousses douloureuses, la petite brigade française s'arrête au village d'Amozoc et y établit son camp. Quatre jours à peine viennent de s'écouler depuis le moment où, joyeuse et pleine d'espoir, elle s'élançait sur la route de Puebla ; cependant combien cette nuit nous semble éloignée de celle que des songes trompeurs avaient animée d'une si douce clarté ! Les riantes visions dorment dans le passé ; des souvenirs récents et pleins d'amertume ont pris leur place à notre chevet ; et, si notre esprit retourne encore vers Puebla et va jusqu'à errer autour de Guadalupe, cette fois ce n'est plus une pensée de gloire ou de conquête qui le guide : là-bas, reposent les camarades morts en défendant l'honneur du drapeau.

Comment, dans un pareil moment, ne pas songer avec tristesse que les hommes chargés d'éclairer le gouvernement de l'Empereur sur la situation réelle du Mexique auraient pu conserver à l'État tant de vaillants soldats? Il eût fallu pour cela dire simplement la vérité, au lieu d'affecter une confiance qu'ils ne pouvaient pas avoir; il eût fallu montrer la sincérité de ce *mosso* [1] de Vera-Cruz, venant nous dire : « Croyez-moi, vous êtes trop peu nombreux pour marcher sur Mexico; vous courez risque de ne pas atteindre le but! » Mais il en fut autrement, et la prédiction s'accomplit.

Après deux jours consacrés dans Amozoc au repos des malades et à la réorganisation de nos moyens de transport, la retraite continue. Sans cesse la pelle ou la pioche à la main pour combler les profondes coupures ou renverser les obstacles qui entravent leur marche; sans cesse sur le qui-vive, s'arrêtant ici pour surveiller les manœuvres de l'ennemi, se formant plus loin pour être prêt à le repousser, les Français descendent lentement ces mêmes Cumbrès, naguère témoins de leur ascension victorieuse, et dont le silence majestueux n'est aujourd'hui troublé que par le bruit de leurs travailleurs. Orizaba est leur objectif. Cette reine des Terres-Tempérées est à égale distance

---

[1] Ce langage nous était tenu quelques jours après notre débarquement à la Vera-Cruz par le garçon d'hôtel des diligences, chargé de notre service.

de Vera-Cruz et de Puebla [1]. Par la haute chaîne de montagnes qui l'enceint de toutes parts, par l'importance de sa position, qui, à cheval sur la route de Mexico, barre littéralement la vallée d'Orizaba, cette ville est, depuis le début de la campagne, notre seconde base d'opérations; c'est dire qu'elle est pourvue d'une garnison, d'un hôpital et de magasins. C'est là que doit se terminer, à la gloire du corps de Lorencez, cette lutte que la France soutient avec quatre régiments d'infanterie, trois batteries d'artillerie et un escadron de cavalerie, contre un pays que défendent les obstacles naturels les plus formidables, les maladies les plus cruelles, environ vingt-cinq mille hommes de troupes régulières, une nuée de guérilleros habitués à vivre et à combattre dans les Terres-Chaudes, contre un pays enfin dont l'arme la plus formidable et la plus sûre est sa haine pour l'intervention. Cependant au milieu des ténèbres qui cachent l'avenir, on aperçoit quelques étincelles lumineuses. La Barranca-Seca ne venge-t-elle pas le 5 mai ? Le Borrego qui illustre le capitaine Dietri, et la belle défense d'Orizaba que dirige avec un entrain et un coup d'œil admirables le général Douay, secondé par l'intelligente intrépidité du capitaine d'état-major Capitan [2], ne convainquent-ils pas l'ennemi d'impuis-

---

[1] Cette distance est de trente-deux lieues.

[2] Capitan a été frappé mortellement l'année suivante devant Puebla. — Doué d'une intelligence et d'une instruction hors ligne,

sance ? Ce n'est pas tout. Par un miracle continu de patience et de hardiesse, le faible corps expéditionnaire rétablit et maintient, malgré les Terres-Chaudes, ses communications avec la Vera-Cruz, c'est dire avec la France. Ponts emportés par les eaux, rampes noyées et défoncées aussitôt que faites ou réparées, chemins de montagne changés en torrents, les Terres-Chaudes transformées en lacs de boue menaçant d'engloutir mules et voitures [1], enfin la fièvre jaune, rien n'a pu abattre notre marin et notre soldat, qui sont restés ce qu'on les a vus en Afrique, en Crimée, pleins d'énergie et de confiance, gais, comme à la veille d'une bataille ou au lendemain d'une victoire.

Cependant, la France s'émeut des dangers que courent à deux mille lieues d'elle ces exilés du devoir. Au mois d'octobre de la même année, elle débarque trente mille hommes à la Vera-Cruz. Une nouvelle expédition commence ; et les soldats du 5 mai sont encore là ; et on les voit reparaître les premiers dans la plaine de Puebla ; et on les retrouve à Mexico,

à la fois doux et énergique, prudent et intrépide, cet homme privilégié était devenu l'idole des soldats et en quelque sorte l'officier indispensable du commandement.

Prodigue de sa personne, toujours sur la brèche, Capitan est mort victime de son dévouement sans bornes. Il venait d'être nommé chef d'escadron d'état-major, en récompense des services éminents qu'il avait rendus.

[1] Les convois les plus favorisés faisaient trente lieues en trente jours.

puis dans le nord, à Zacatecas, puis un jour, à mille deux cents kilomètres plus loin, près du Pacifique, à Colima !

Nous n'avons plus à apprécier les résultats de cette campagne ; mais nous pouvons affirmer d'avance que cette expédition sera une belle page pour notre histoire militaire.

Si, cherchant à mettre en lumière le tableau d'un passé trop peu connu ou trop vite oublié, nous sommes parvenu à faire partager notre conviction, nous aurons atteint notre but. A ceux maintenant qui prétendent que le Français est de tous les hommes celui qui aime le moins à s'éloigner de son pays, nous demandons si les huit mois d'épreuves supportées au Mexique par la brigade de Lorencez ne disent pas assez haut que, pour laquelle où est le drapeau, là est la France !

PARIS. TYPOGRAPHIE DE E. PLON ET Cⁱᵉ, RUE GARANCIÈRE, 8.

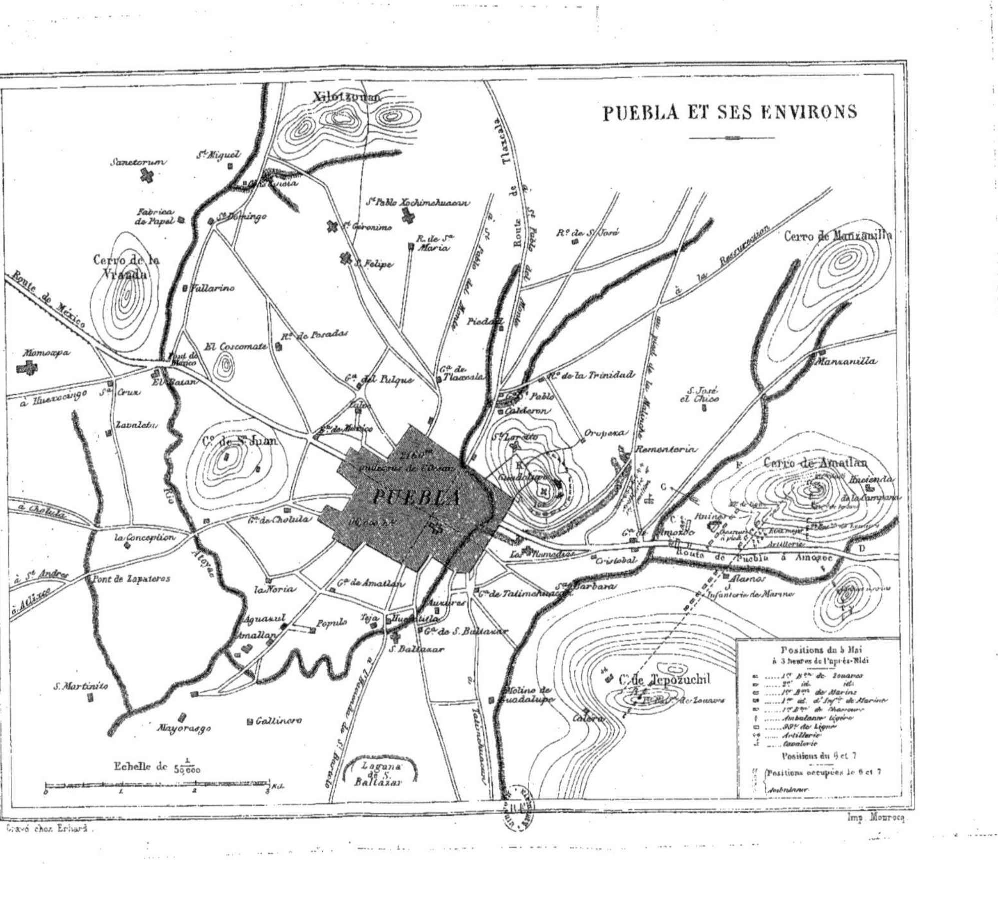
PUEBLA ET SES ENVIRONS
Xilotzinan
Sanctorum
St Miguel
Fabrica de Papel
St Domingo
Cerro de la Vïandu
Route de México
Tullarino
El Coscomate
Momoxpa
à Huexocingo
Sta Cruz
Zavaleta
Pont de México
El Bazan
Co de St Juan
Río
à Cholula
la Concepción
à St Andres
à Atlixco
Pont de Zapateros
Atoyac
la Noria
Aguazul Amatlan
Populo
Toja
Huexotitla
S. Martinito
Mayorazgo
Gallinero
Echelle de 1/50,000
St Pablo Xochimehuacan
St Geronimo
R. de Sta María
St Felipe
Rº de Posadas
Gta del Pulque
Gta de México
Lala
PUEBLA
l'Ocean
Gta de Cholula
Gta de Amatlan
Auxures
Gta de S. Baltazar
S. Baltazar
Laguna de S. Baltazar
Gta de Tlaxcala
St Pablo
Calderon
St Loreto
Guadalupe
Gta de Tatimehuacan
Sta Barbara
Molino de Guadalupe
Calera
Co de Tepozuchil
1er Rgt de Zouaves
Route de Tlaxcala
Rº de Sta José
Rº de la Trinidad
Oropeza
Remontoria
S. José el Chico
à la Resurrection
à la Malinche
Gta de Amozoc
La Ramadas
Cristobal
Route de Puebla à Amozoc
Alamos
Infanterie de Marine
Cerro de Manzanilla
Manzanilla
Cerro de Amatlan
Hacienda de la Campana
Ruinas
Artillerie
D
Positions du 5 Mai
à 3 heures de l'après-Midi
1er Bon de Zouaves
2e id.   id.
1er Bon de Marins
1er id. d'Infie de Marine
1er Bon de Chasseurs
Ambulance légère
99e de Ligne
Artillerie
Cavalerie
Positions du 6 et 7
Positions occupées le 6 et 7
Soutenue
Gravé chez Erhard
Imp. Mouroca

273

9 782329 021812